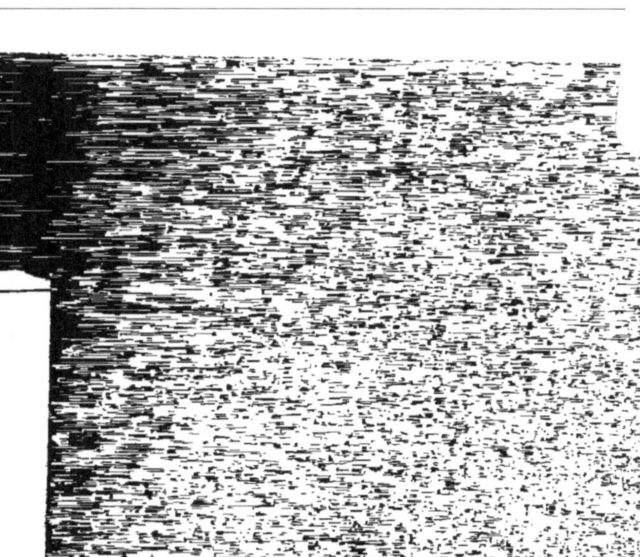

AF266052

7

LK 4113.

# PÈLERINAGE

## A

## NOTRE-DAME-DE-L'ILE,

### PATRONNE DE LA VILLE DE VIENNE

### ET DES MARINIERS.

## VIENNE,

IMPRIMERIE, LITHOGRAPHIE DE TIMON FRÈRES,

Montée des Capucins, Nº 3.

NOTRE-DAME
DE L'ÎLE
Sous-Vienne.

# EXPOSÉ.

—

*Faire connaître et apprécier l'impor-
tance historique et religieuse de l'église de
Notre-Dame-de-l'Ile , antique sanctuaire
dédié à la Mère du divin Sauveur, et qui
peut, à juste titre , être appelé le Four-
vières viennois , tel est le but de cet opuscule mis à la portée de toutes les ressources,
de toutes les intelligences.*

*Il existe une gravure assez bonne, exé-
cutée au 17ᵉ siècle par les soins des PP. Jésuites, directeurs du collége de Vienne, au-
quel appartenait , avant la première révolution , l'église de l'Ile. Cette gravure ,
représentant la statue de la Vierge, telle
qu'elle se voit sur le maître-autel , est ici
fidèlement reproduite par la lithographie.*

*Au bas de la gravure est formulée une Oraison spéciale, qui, ne pouvant être dessinée sur une trop petite échelle, est imprimée textuellement avant le chant pieux, exprès composé pour ce sujet par un homme de lettres, ancien officier de l'Empire.*

*La partie historique et descriptive de cet opuscule est résumée de la Notice publiée par l'archéologue viennois M. Victor Teste.*

# ORAISON

## A NOTRE-DAME-DE-L'ILE.

Sainte Vierge Marie, mère de Dieu, je mets sous votre protection moi et tout ce qui m'appartient. Défendez-moi pendant ma vie, et, à l'heure de ma mort, présentez-moi à Jésus-Christ, votre Fils.

Ainsi soit-il.

# CANTIQUE
## A LA VIERGE MARIE.

—

Air de la reine Hortense : *Partant pour la Syrie.*

Aux Autels de Marie ,
Chrétiens , accourez tous ,
De la Vierge chérie
Embrassons les genoux ,
Et des fleurs , que nous donne
Le printemps radieux ,
Tressons une couronne
A la Reine des Cieux !

Dans la douleur cruelle ,
Ainsi qu'en nos désirs ,
A vous , Vierge immortelle ,
S'adressent nos soupirs.
Des humaines misères
Appaisez les rigueurs ;
Sensible à nos prières ,
Faites tarir nos pleurs.

Astre , qui nous assure
Un jour pur et serein ,
Et calme le murmure
Qui trouble notre sein ,
N'êtes-vous pas encore
La fleur qui resplendit ,
Que revoit chaque aurore ,
Et que rien ne flétrit.


C'est en vain que l'orage
Et les flots soulevés
Menacent du naufrage
Les matelots troublés ;
Forts de votre assistance ,
Ils bravent les autans ;
En vous leur confiance
Leur vaut de meilleurs temps.


Vierge , pleine de grâce ,
Mère du Rédempteur ,
Perle , que rien n'efface ,
Refuge du pécheur ,

Sainte Médiatrice
Entre nous et le Ciel,
Et notre protectrice
Auprès de l'Éternel ;


O la plus glorieuse
Des filles de Sion,
Arche mystérieuse,
Vase d'élection,
Ève, enfin, triomphante,
Dont le pied a foulé
La tête menaçante
Du serpent révolté ;


Quand du divin Mystère
Le décret s'accomplit,
Le ciel, comme la terre,
De joie en tressaillit.
D'une flamme féconde
Votre sein fut ému,
Et le Sauveur du monde,
Le Verbe fut conçu.

Du chrétien qui succombe
Sous la faulx de la mort,
Jusqu'au fond de la tombe
Vous protégez le sort.
De notre simple hommage,
Acceuillez le tribut ;
Qu'il soit pour nous le gage
Et l'espoir du salut.


De celle dont les anges
Au Ciel forment la cour
Célébrons les louanges
Par des concerts d'amour.
Pour notre Bien-Aimée
Faisons briller les feux,
Que l'encens d'Idumée
S'élève avec nos vœux.


Aux Autels de Marie,
Chrétiens, accourez tous,
De la Vierge chérie
Embrassons les genoux,

Et des fleurs, que nous donne
Le printemps radieux ,
Tressons une couronne
A la Reine des Cieux !

# RÉCIT

**D'une Procession solennelle à Notre - Dame - de - l'Ile, en l'année 1534, pour obtenir la cessation de la peste qui désolait la ville de Vienne.**

(Extrait du IIIᵉ volume de l'*Histoire de Vienne*, par M. MERMET aîné. )

———

« Depuis le milieu du xvᵉ siècle, la peste ou fièvre noire reparaissait souvent et sévissait avec vigueur ; mais l'année dont nous parlons est une de celles pendant lesquelles ce fléau exerça le plus de ravages. Les Viennois avait une entière confiance dans l'intercession de la sainte Vierge, et allaient avec ferveur l'invoquer dans l'église du monastère de Notre-Dame-de-l'Ile. On s'y rendit processionnellement le mardi, 24 juillet, et le dimanche, 1<sup>er</sup> août, pour obtenir, par la protection de cette auguste Reine des cieux, la fin de l'épidémie. Les jeunes garçons en chemise, la tête et les pieds nus, ouvraient la marche, criant : *Sainte Marie, priez pour nous !* Le clergé marchait après, portant des reliquaires et le Saint-Sacrement, que suivaient les consuls, le chef découvert, ayant à la main un cierge de cire blanche pesant une livre ; et, enfin, une foule de personnes, marchant deux à deux, récitant dévotement leur chapelet, terminait le cortége. A la porte du cloître on mit une estampe représentant Dieu le père sur son trône, tenant les dards de sa justice ; à sa droite, le Christ montrant ses plaies ; à sa gauche, Marie à genoux, priant

pour le peuple. On lisait au bas les expli-
cations suivantes :

> Voici le grand Tribunal de justice
> Auquel Dieu veut punir notre malice.
>
> Mortalité, famine, sécheresse,
> Sont pour punir la cité pécheresse.
>
> La Vierge Marie, advocate du monde,
> Priant pour nous d'affection profonde. »

# PÈLERINAGE

## A

# NOTRE-DAME-DE-L'ILE,

### PATRONNE DE LA VILLE DE VIENNE

#### ET DES MARINIERS.

## PARTIE HISTORIQUE & DESCRIPTIVE.

Vers les premières années du XII<sup>e</sup> siècle, Gaultier de Balbières, gentilhomme du Viennois, forma le projet d'établir des religieux dans une partie de son domaine appelé l'*Ile*, et situé à demi-lieue environ au sud de la ville de Vienne. Cette fondation fut l'objet de graves contestations de la part du chapitre de St-Maurice, de l'abbé de Saint-Pierre, et de celui de Saint-André-le-Bas. Cependant la prudente médiation de l'archevêque de Vienne, Étienne I^er, qui favorisait le dessein de Gaultier, fut assez efficace pour concilier tous les intérêts, et la fondation eut lieu moyennant quelques conditions, dont les principales furent : que les religieux de l'Ile n'attireraient pas les paroissiens des autres églises ; qu'ils s'entretiendraient de ce qu'ils auraient légitimement acquis, sans que, néanmoins, il leur fût permis d'acquérir aucun immeuble dans Vienne, ni aux environs, pas même une maison ; qu'ils ne feraient bâtir ni église, ni oratoire en aucun autre lieu ; qu'ils ne recevraient

chez eux que ceux qui pourraient y venir
commodément et sans aide, à pied ou à
cheval ; qu'ils ne feraient d'enterrement
que de ceux qui auraient déjà fait pro-
fession dans leur ordre ; qu'enfin, s'ils
faisaient quelques acquisitions, ce serait
de manière à ce que personne n'en pût
recevoir de préjudice.

Ces précautions satisfirent tous les in-
téressés, excepté Robert, abbé de Saint-
Pierre. Son monastère possédait, le long
du Rhône, une saulée que les religieux
de l'Ile prétendaient aussi leur apparte-
nir. Par une transaction, de l'année 1139,
l'archevêque Etienne et son chapitre ter-
minèrent ce différend qui, cependant,
bien longtemps après, se renouvela plu-
sieurs fois.

Moins d'un siècle après la fondation
du prieuré de Notre-Dame-de-l'Ile, et

en l'année 1202, l'archevêque Aynard de Moirenc et son chapitre, à la demande et sur les instances des chanoines et profès de ladite maison, donnèrent cette église à l'abbaye de Saint-Ruf, chef d'ordre composé de chanoines réguliers soumis à la règle de saint Augustin, et dont le siége avait été transféré, en 1158, d'Avignon à Valence.

Les principaux motifs énoncés dans l'acte de donation de Notre-Dame-de-l'Ile à l'ordre de Saint-Ruf étaient : « que cette église, autrefois si célèbre, est aujourd'hui si pauvre et si accablée de dettes par les usurpations des tyrans, par la négligence et la malversation des frères, qu'elle ne peut plus subsister sans le secours des autres maisons. »

Le même acte replaçait le prieuré de l'Ile sous la dépendance de l'église de Vienne, dont les clercs devaient être reçus dans cette maison soit pour cause de maladie, soit pour cause de grand âge, avec la faculté de se faire recevoir au nombre des chanoines de Saint-Ruf. L'office de l'église de Vienne devait se faire régulièrement dans l'église de l'Ile, excepté pour les capitules, les versets et les prières conformes à l'office de Saint-Ruf.

L'archevêque de Vienne, Bournon de Voiron, s'était retiré dans la maison de l'Ile, où il mourut le 30 janvier 1215. Son épitaphe, aujourd'hui perdue, et dans laquelle lui était donné le titre de chanoine de Saint-Ruf, fut trouvée en 1763 derrière le chœur de cette église.

En l'année 1628, les consuls de la ville de Vienne traitèrent avec l'abbé et le chapitre de Saint-Ruf pour l'acquisition du prieuré de l'Ile, qui fut uni au collége de cette ville , dirigé par les Pères de la Compagnie de Jésus, qui donnèrent à l'abbé 3,000 livres et 2,400 au chapitre. L'acte porte les signatures de Guillaume Manuel de la Fay, général de l'ordre, et de révérend Charles Dupinay, recteur du collége de Vienne. L'année suivante, le Pape Urbain VIII approuva cette cession.

Jean Jas , dernier prieur de l'église de l'Ile , résigna son bénéfice le 19 avril 1630.

Avant la révolution de 1789 , l'église de l'Ile dépendait du prieuré de Feyzin , uni au collége de Vienne, et était desservie par le P. Plasson , l'un des six jésuites résidant en cette ville après la suppression de l'ordre.

Vendue comme propriété nationale , l'église de l'Ile fut rachetée par M. Cellard, et M. Dubouchet, ancien curé de Saint-André-le-Bas, qui la donnèrent à l'hospice de Vienne. On eut le grand tort de ne pas comprendre dans ce rachat l'ancienne nef de ce précieux monument.

Le temple de la Vierge s'élève dans un site très-gracieux, à l'extrémité méridionale de la fertile plaine de l'Aiguille, dont les bords sont baignés par le Rhône, au cours majestueux. Le fond du tableau présente le mont Pila, dont les imposantes cimes, au reflet bleuâtre, laissent deviner d'autres horizons.

Il est impossible de n'être pas saisi d'un sentiment de respect en abordant ce vénérable sanctuaire. Au nord, se présentent de hautes murailles noircies par le temps et percées de rares fenêtres vides. Au midi, s'élevaient les cloîtres dont l'historien Chorier a rappelé la beauté.

Il n'en reste que le préau et quelques arcades privées de leurs colonnettes et engagées dans une indigne maçonnerie. Ces cloîtres, ceints par l'église et les bâtiments religieux, ont été incendiés, il y a environ trente ans. Ils renfermaient de nombreuses inscriptions, dont il ne reste que celles gravées sur les pierres des murailles, et qui n'ont pu être arrachées. Il y a aussi des restes curieux de peintures à fresque. La blancheur éclatante des colonnettes en marbre, diversement sculptées, donnait à cet ensemble un aspect incroyable de richesse et de splendeur. Les personnages des familles les plus considérables du Dauphiné voulurent être les bienfaiteurs de la maison de l'Ile, et tinrent à honneur de recevoir la sépulture dans son cloître, où on lisait les noms de Chaponnay, de Paladru, de Die, d'Illins et de Crémieu.

M. Fleury Richard, l'un des plus in-
génieux peintres de genre, a tiré, avec
un talent supérieur, un beau parti des
ruines de ce cloître dans son tableau de
*Jeanne-d'Arc consultant l'ermite.*

L'église de Notre-Dame-de-l'Ile résume,
dans son ensemble, deux styles d'architecture nettement formulés : le style roman (*architecture romaine dégénérée*) fin
du xi^e et xii^e siècle, et le style ogival primaire xiii^e siècle. L'un a pour type gé-
nérateur l'arc à plein cintre, l'autre,
l'arc à tiers-point.

Le plan général de l'église, inachevée
quant à ses parties supérieures, avait,
dans son principe, la forme d'une croix
latine à une seule nef, forme qu'elle a
conservée dans sa reconstruction partielle,
vers les premières années du xiii^e siècle.

Au style roman secondaire appartiennent le vaisseau , aujourd'hui retranché de l'édifice , les murailles en moellons formant transsept au nord , et la porte donnant accès à l'église par les cloîtres.

Le grand portail, à l'ouest , masqué par un hangar, est une des productions les plus remarquables de l'art roman.

L'élégance de ses doubles colonnettes monolithes, alternativement cylindriques. et octogones , couronnées de chapiteaux diversement ornés , la pureté des profils de l'archivolte , la disposition large des trumeaux cannelés, placés latéralement et accompagnés de pilastres aussi cannelés, sur lesquels porte la corniche d'entable-ment , donnent à ce morceau capital un caractère ineffable d'harmonie et de ri-che simplicité.

Le chevet de l'église appartient au style ogival primaire. Il se compose d'une

abside polygonale, flanquée de deux cha-
pelles semi - circulaires , et couronnée
d'une corniche richement sculptée. Un
tore suitle contour de ces trois gracieu-
ses fenêtres en lancette.

Les cloîtres de l'Ile , reconstruits sur
leur ancien et naturel emplacement , au
midi , appartenaient au style de transition du xiie au xiiie siècle.

L'intérieur de l'église appartient au
même style de transition. Il réunit la
sobriété des détails à la richesse des mas-
ses. L'abside a ses fenêtres flanquées de
colonnettes et sa corniche ornée d'un
rang de violettes. Autour de l'hémicicle,
et derrière les boiseries , sont des bancs
en pierre. Sous une enveloppe moderne
est caché le maître-autel primitif du xiiie
siècle. Sa devanture et sa table sont for-
mées de deux blocs de choin de Fay
poli.

Cette église est suffisamment éclairée, et, si sa nef avait été achevée, elle aurait vraisemblablement été, au midi, percée de deux autres grandes fenêtres semblables à celle aujourd'hui murée, et qui est divisée par un meneau en deux baies en lancette.

Une porte ogivale, décorée de colonnettes et de moulures, donnait accès au bâtiment claustral appuyé contre le flanc de l'église, au sud. Une autre porte semblable, élevée de quatre mètres quarante-trois centimètres au-dessus de la sacristie, s'ouvre sur une pièce, au nord, divisée jadis par un plancher en deux étages. Le premier paraît avoir contenu les archives du prieuré. On y remarque des traces de peintures et une série d'écus armoriés. Le second étage était certainement, pendant l'été, l'habitation du prieur. Il pouvait , au moyen d'un guichet ouvert sur l'église , assister aux offices sans sortir de chez lui. Une fenêtre, dont l'embrasure est munie de deux siéges , est ouverte sur la plaine de Vienne.

Dans une sage prévision des crues extraordinaires du Rhône , l'architecte éleva le sol de cette église à près de trois pieds au-dessus de l'ancien niveau. Il donna au vaisseau de son édifice des proportions en harmonie avec sa nef dont la voûte nervée devait se composer de trois travées et se terminer à une façade au-dessus du grand portail. Mais la nef inachevée ne fut couverte que d'une travée de voûte et close par un mur provisoire surmonté d'un petit clocher arcade. Les **PP.** Jésuites , possesseurs du prieuré, firent ouvrir la large arcade surbaissée dans ce même mur, afin de donner accès à l'église par la porte majeure.

C'est à ces religieux et, en particulier, au **P.** Jacques Georges que ce temple est redevable de son ameublement. Tout, jusquè dans les peintures à fresque, y respire le siècle de Louis XIV. L'ornementation du maître-autel n'est point sans goût ni sans richesse, et le caractère de la statue de la Vierge, tenant son divin enfant, est tout à la fois gracieux et noble. Les **PP.** Jésuites avaient aussi fait placer dans une niche, au-dessus du portail, une autre statue de la Vierge.

Les dimensions générales de l'église de l'Ile sont: en longueur, depuis le fond de l'abside jusqu'à l'arcade précitée, de dix-huit mètres trente-huit centimètres; en largeur, de dix-sept mètres trente-deux centimètres. La largeur de la nef est de sept mètres vingt-sept centimètres; celle des transsepts est de six mètres quatre-vingt-six centimètres. La hauteur sous voûte est de treize mètres quarante-sept centimètres.

Il est facile de démontrer, par l'examen de ces proportions, que l'addition de l'ancienne nef était indispensable au plan de l'architecte du xiii<sup>e</sup> siècle, l'église aurait eu en longueur trente mètres cinquante-huit centimètres, et que l'absence momentanée de ressources fut cause de l'inachèvement de l'édifice.

Le moment ne doit pas se faire attendre où la piété des fidèles restituera à l'église de l'Ile son ancienne nef avec son beau portail. Cette mesure est indispensable à la conservation et à l'harmonie

d’ensemble d’un remarquable monument
de la religion et des arts.

FIN.

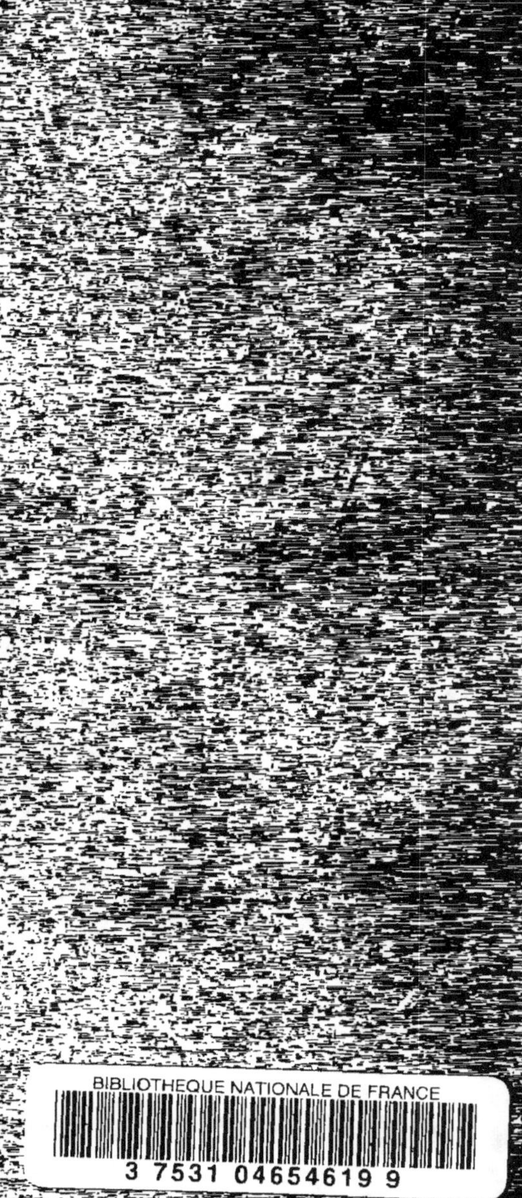

BIBLIOTHEQUE NATIONALE DE FRANCE
3 7531 04654619 9

www.ingramcontent.com/pod-product-compliance
Lightning Source LLC
Chambersburg PA
CBHW051742050726
47598CB00003B/1296